ESSENTI
MODERN IT
VOCABULARY

by
A. FALASCHI (R.) (P.I.)
Teacher of Italian
Channing School & Barnet College

Nelson

Thomas Nelson and Sons Ltd
Nelson House   Mayfield Road
Walton-on-Thames   Surrey
KT12 5PL   UK

51 York Place
Edinburgh
EH1 3JD   UK

Thomas Nelson (Hong Kong) Ltd
Toppan Building 10/F
22A Westlands Road
Quarry Bay   Hong Kong

Distributed in Australia by

Thomas Nelson Australia
480 La Trobe Street
Melbourne   Victoria 3000
and in Sydney, Brisbane, Adelaide and Perth

First published by George G. Harrap and Co. Ltd 1981
(under ISBN 0-245-53640-X)

Reprinted twice
Fourth impression published by Thomas Nelson and Sons Ltd 1985
Reprinted 1986, 1987

ISBN 0-17-4450362
Print No. 04

Printed in Hong Kong

CONTENTS

1.	The House – La Casa	5
2.	Food – Il Cibo	7
3.	The Family – La Famiglia	9
4.	The Human Body – Il Corpo Umano	10
5.	Clothes – I Vestiti	12
6.	Education – L'Educazione	14
7.	Literature – La Letteratura	16
8.	Sport – Lo Sport	17
9.	Pastimes – I Passatempi	20
10.	Theatre – Il Teatro	22
11.	Cinema – Il Cinema	23
12.	Music – La Musica	24
13.	Radio and Television – La Radio e la Televisione	26
14.	Animals – Gli Animali	27
15.	The Garden – Il Giardino	29
16.	The Countryside – La Campagna	31
17.	The Weather – Il Tempo	33
18.	Time – Il Tempo	35
19.	The Mountain – La Montagna	37
20.	The Sea – Il Mare	38
21.	Motoring – L'Automobilismo	40
22.	The Railways – La Ferrovia	42
23.	Aviation – L'Aviazione	44
24.	Geography – La Geografia	45
25.	The Nations – Le Nazioni	46
26.	Politics – La Politica	47
27.	The Town – La Città	48
28.	Trade and Industry – Il Commercio e l'Industria	49
29.	Money and Mail – Il Denaro e la Posta	51
30.	Religion – La Religione	53
31.	War – La Guerra	55
32.	Justice – La Giustizia	57
	Aid to Italian Composition	59
	Italian Idioms	60
	Sigle	61
	Use of prepositions	62

INTRODUCTION

The aim of the author is to provide essential modern vocabulary and idioms, such as the candidate is obliged to use in translations for Ordinary and Advanced Level examinations. More than 2,000 words are selected under various subject headings. This arrangement enables the candidate to find and get to know the kind of vocabulary most commonly used in everyday speech in Italy. Special features of the book are:

(i) A complete selection of common topics;
(ii) Essay titles, idioms and useful phrases;
(iii) Lists of verbs plus prepositions, and of prepositions.

With this book, the student will have adequate help in free composition as well as in oral work. This vocabulary is not only intended for students taking examinations, but also for those who would like to refresh or widen their knowledge of Italian. It is therefore recommended for evening institutes and tourists as well as schools.

Thanks are due to Mrs Kay Clay and the staff of Harraps for their valuable assistance.

A.F.

1. THE HOUSE – LA CASA

Types of residence

building il palazzo, l'edificio
detached house la villa
farm la fattoria
flat l'appartamento
skyscraper il grattacielo

Parts of the house

wall il muro
cellar lo scantinato
floor il pavimento
ground floor il pianterreno
first floor il primo piano
ceiling il soffitto
loft la soffitta
attic il solaio, l'attico
balcony il balcone, la terrazza
roof il tetto
window la finestra
front la facciata
back of the house il dietro della casa
side of the house il fianco della casa
door la porta
threshold la soglia
corridor il corridoio
garage il garage
stairs le scale
step lo scalino
lift l'ascensore *m*
tile la tegola
chimney il camino
shutter la persiana
window pane il vetro
banister la ringhiera

The rooms – Le stanze

hall l'atrio

kitchen la cucina
   cupboard la credenza

chair la sedia
sink l'acquaio
table il tavolo
shelf lo scaffale
stove il fornello
oven il forno
fridge il frigorifero
dishwasher la lavastoviglie
cooker la cucina (elettrica/a gas)

dining room la sala da pranzo

sitting room il salotto
   armchair la poltrona
   sofa il divano
   cushion il cuscino
   carpet il tappeto
   curtain la tenda
   picture il quadro

bedroom la camera da letto
   bed il letto
   double bed il letto matrimoniale
   bedside table il comodino
   dressing table il comò
   wardrobe l'armadio
   chest of drawers il cassettone
   bedside lamp la lampada da tavolino
   bedside rug lo scendiletto

bathroom la stanza da bagno
   bath il bagno
   washbasin il lavandino
   W.C. il gabinetto
   shower la doccia

Adjectives

uninhabited disabitato
clean pulito
dirty sporco
empty vuoto
small piccolo

big grande
uncomfortable scomodo
ill-lit poco illuminato
spacious spazioso
well-kept ben tenuto
in good taste di buon gusto
modern moderno
neglected trascurato

Verbs

to build costruire
to modernize rimodernare
to move (house) traslocare
to decorate decorare
to repair riparare
to plaster intonacare
to paint pitturare
to return home rincasare
to furnish ammobiliare, arredare
to dust spolverare
to sweep scopare
to set the table apparecchiare
to clear the table sparecchiare
to look out on guardare su
to rent, let affittare
to live abitare
to lock chiudere a chiave

Other useful vocabulary

garden il giardino
gate il cancello
vegetable garden l'orto
lock la serratura
bolt il catenaccio
key la chiave
brick il mattone
iron il ferro
bell il campanello
doorhandle la maniglia
ashtray il portacenere
central heating il termosifone
shelf lo scaffale
vacuum cleaner l'aspirapolvere m
washing machine la lavatrice, la
    macchina da lavare
coffee percolator la macchinetta del
    caffè

tablecloth la tovaglia
table napkin il tovagliuolo
typewriter la macchina da scrivere
frame la cornice
mattress il materasso
sheet il lenzuolo (pl. le lenzuola)
pillow il cuscino
carpet il tappeto
clock l'orologio
alarm clock la sveglia
rent l'affitto
tenant l'inquilino

Idioms and useful phrases

door to door di casa in casa
home sweet home ... casa mia, casa
    mia ...
board and lodging vitto e alloggio
home-made fatto in casa
to feel at home sentirsi a proprio agio
householder il proprietario
landlord il padrone di casa
to withdraw from the world
    rinchiudersi tra quattro mura
to live as one likes vivere a modo
    proprio
houseproud amante della casa
to house old things in the attic riporre
    le cose vecchie in soffitta
homeless senza casa
the homeless pl. i senza tetti
your house is well furnished la tua
    casa è ben arredata
my friend pays me a visit every
    Monday il mio amico mi fa visita
    ogni lunedì
to pay the rent pagare l'affitto
to go upstairs andare sopra
to come downstairs scendere sotto
to do the shopping fare la spesa
to do the housework fare le faccende
    domestiche
to be at home essere in casa
on the third floor al terzo piano
at the top of the stairs in cima alle
    scale
housewife donna di casa
the window looks out onto the
    garden la finestra dà sul giardino

Essays

La mia casa
Una casa ideale
Casa in stile moderno o antico: scrivete
le vostre preferenze

'Il posto della donna è nella casa'.
Commentare
Casa in città o casa in campagna?
Considerazioni

2. FOOD – IL CIBO

breakfast la prima colazione
lunch il pranzo
dinner/supper la cena

tea il té
milk il latte
coffee il caffè
sugar lo zucchero
jam la marmellata
marmalade la marmellata d'arancio
honey il miele
biscuit il biscotto
boiled egg l'uovo à la coque
poached egg l'uovo sul piatto
soup la minestra
rice il riso
pasta la pasta

vegetables i legumi
  potatoes le patate
    (**boiled** bollite;
    chipped fritte;
    roast arrosto)
  carrot la carota
  beans i fagioli
  peas i piselli
  mushroom il fungo
  cauliflower il cavolfiore
  spinach gli spinaci
  artichoke il carciofo
  celery il sedano
  tomato il pomodoro
  cucumber il cetriolo
  lettuce la lattuga
  salad l'insalata
  onion la cipolla

mint la menta
parsley il prezzemolo
garlic l'aglio

bread il pane
  butter il burro
  roll il panino
  slice la fetta
  toast il toast

meat la carne
  game la selvaggina
  poultry il pollame
  beef il manzo
  (**beef**) **steak** la bistecca (di manzo)
  veal il vitello
  pork il maiale
  ham il prosciutto
  sausage la salsiccia
  lamb l'agnello

fish il pesce

fruit la frutta
  apricot l'albicocca
  pineapple l'ananas
  apple la mela
  orange l'arancio
  banana la banana
  cherry la ciliegia
  dates i datteri
  fig il fico
  pear la pera
  plum la prugna
  grape l'uva
  raspberry il lampone

7

blackberry la mora
strawberry la fragola
lemon il limone
peach la pesca

walnut la noce
almond la mandorla
chestnut la castagna

water l'acqua
wine il vino
beer la birra
liqueur il liquore
lemonade la limonata

pepper il pepe
salt il sale
vinegar l'aceto

glass il bicchiere
bottle la bottiglia
cup la tazza
saucer il piattino
plate, dish il piatto
knife il coltello
fork la forchetta
spoon il cucchiaio
teapot la teiera
coffee pot la caffettiera
sugar basin la zuccheriera
tray il vassoio
tablecloth la tovaglia
lid il coperchio

Verbs

to be hungry aver fame

to be thirsty aver sete
to be underfed esser malnutrito
to have a snack fare uno spuntino
to have breakfast fare colazione
to have lunch pranzare
to have supper cenare
to cook cucinare, cuocere
to boil bollire
to fry friggere
to sit at the table sedersi a tavola
to wash up fare i piatti
to bite mordere
to swallow ingoiare

Idioms and useful phrases

to die of hunger morire di fame
hungry, starving affamato
appetite l'appetito
digestion la digestione
I hope you enjoy your dinner! buon
appetito!
the maid/waiter/waitress
la domestica/il cameriere/la
cameriera
lays the table apparecchia la tavola
brings a cup of tea porta una tazza
di tè
serves the guests serve gli ospiti

Essays

'La dieta'. Mania del giorno
Il mio piatto preferito
La cucina italiana

3. THE FAMILY – LA FAMIGLIA

father il padre
mother la madre
parents i genitori
son il figlio
daughter la figlia
brother il fratello
sister la sorella
relations i parenti
uncle lo zio
aunt la zia
cousin (male) il cugino; (female) la cugina
nephew il nipote
niece la nipote
spouse (husband) lo sposo, (wife) la sposa
husband il marito
wife la moglie
child (male) il bambino; (female) la bambina
boy il ragazzo
girl la ragazza
grandmother la nonna
grandfather il nonno
father-in-law il suocero
mother-in-law la suocera
son-in-law il genero
daughter-in-law la nuora
brother-in-law il cognato
sister-in-law la cognata

king il re
queen la regina
prince il principe
princess la principessa

Adjectives

affectionate affettuoso
faithful fedele
polite educato
honest onesto
impolite scortese
wise saggio
kind gentile
sensitive sensibile
good buono, bravo
likeable simpatico
bad, wicked cattivo
alone solo
amusing divertente

Verbs

to hurt (feelings) ferire
to visit visitare
to call on andare da
to invite invitare
to introduce introdurre
to divorce divorziare
to marry sposarsi
to separate/part separarsi
to get together radunarsi
to resemble rassomigliare
to become friendly diventare amici
to grow fond of affezionarsi a
to get on with intendersela con

Other useful vocabulary

widow la vedova
orphan l'orfano
bachelor lo scapolo
spinster la zitella
bridegroom lo sposo
bride la sposa
grown-ups i grandi
housekeeper la governante
wedding le nozze, il matrimonio
cook il cuoco

Idioms and useful phrases

only child il figlio unico

9

family man l'uomo di famiglia
family likeness la somiglianza
di famiglia
to be on familiar terms with someone
avere familiarità con qualcuno
large family la famiglia numerosa
a girl of a good family una ragazza di
buona famiglia
family tree l'albero genealogico
the black sheep of the family la
pecora nera della famiglia
family circle il nucleo familiare
the bride to be la futura sposa
to get engaged fidanzarsi

fiancé/fiancée il fidanzato/la
fidanzata

Essays

La mia famiglia
La famiglia d'oggi
La donna d'oggi
I miei nonni
Abitudini familiari
Vantaggi e svantaggi di essere figlio
unico
Riunione familiare

4. THE HUMAN BODY – IL CORPO UMANO

hair i capelli
body hair la peluria
head la testa
face la faccia, il viso
forehead la fronte
temple la tempia
ear l'orecchio
eyebrow il sopracciglio (*pl.* le
sopracciglia)
eyelash il ciglio (*pl.* le ciglia)
eyelid la palpebra
eye l'occhio
tear la lacrima
nose il naso
nostril la narice
cheek la guancia
wrinkle la ruga
mouth la bocca
lip il labbro (*pl.* le labbra)
tooth il dente
dimple la fossetta
tongue la lingua
palate il palato
gum la gengiva
jaw la mascella
chin il mento
beard la barba
whiskers i baffi

neck il collo
throat la gola
breath il respiro, il fiato
shoulder la spalla
chest il petto
breast il seno
heart il cuore
lung il polmone
waist la vita
stomach lo stomaco
arm il braccio (*pl.* le braccia)
elbow il gomito
wrist il polso
hand la mano (*pl.* le mani)
finger il dito (*pl.* le dita)
index finger l'indice *m*
thumb il pollice
nail l'unghia
back la schiena
leg la gamba
thigh la coscia
knee il ginocchio (*pl.* le ginocchia)
ankle la caviglia
foot il piede
fist il pugno
bone l'osso (*pl.* le ossa)
flesh la carnagione
skin la pelle

skeleton lo scheletro
blood il sangue
muscle il muscolo

the five senses i cinque sensi
sight la vista
hearing l'udito
smell l'olfatto
taste il gusto
touch il tatto

Adjectives

this man is: questo signore è:
tall alto
short basso
small piccolo
stout tarchiato
fat grasso
slim magro
young giovane
old vecchio
bald calvo
lame zoppo
left-handed mancino
lazy pigro
tired stanco
pale pallido

Verbs

to go on foot andare a piedi
to walk on tip-toe camminare in punta
di piedi
to clap battere le mani
to kneel down inginocchiarsi
to jump saltare
to limp zoppicare
to touch toccare

to tremble tremare
to sit down sedersi
to stand stare in piedi
to lean appoggiarsi
to lie down sdraiarsi
to fall cadere
to rest riposare
to wake up svegliarsi
to get up alzarsi
to climb arrampicarsi
to have a cold avere un raffreddore
to take a stroll fare quattro passi
to take a walk fare una passeggiata
to have a nap fare un sonnellino
to have a break fare un intervallo
to be tired essere stanco
to go to bed andare a letto
to spend the night passare la notte
to wash oneself lavarsi
to dry oneself asciugarsi
to comb one's hair pettinarsi

Idioms and useful phrases

the lady with black hair la signora
dai capelli neri
toothache mal di denti
headache mal di testa
cold il raffreddore
sunstroke il colpo di sole
tablet la pastiglia, la pasticca
pill la pillola
with closed eyes ad occhi chiusi
gait andatura

Essay

'Mente sana, corpo sano'. Commentare
questo detto

11

5. CLOTHES – I VESTITI

old clothes i vestiti vecchi
suit, dress il vestito
jacket la giacca
blouse la camicetta
shirt la camicia
tie la cravatta
collar il colletto
belt la cinta
socks i calzini
pocket la tasca
sleeve la manica
lining la fodera
scarf la sciarpa
hat il cappello
necklace la collana
ribbon il nastro
button il bottone
glove il guanto
shawl lo scialle
umbrella l'ombrello
handbag la borsa
handkerchief il fazzoletto
jumper la maglia
pullover il pullover
trousers i pantaloni
shorts i calzoncini
evening dress il vestito da sera
dressing gown la vestaglia
knickers, pants le mutande
footwear la calzatura
shoes le scarpe
slippers le pantofole
boots gli stivali
mackintosh l'impermeabile m
coat il cappotto
overcoat il soprabito
fur la pelliccia
wool la lana
cotton il cotone
silk la seta
lace il pizzo
shoelace il laccio

colours i colori
white bianco
grey grigio
black nero
brown marrone
green verde
light blue celeste
blue blu
red rosso
pink rosa
orange arancione
yellow giallo
light chiaro
dark scuro
Note: colours ending in **a** do not
change in the plural:
pink socks calzini rosa

Adjectives

short corto
long lungo
a bit tight un po' (troppo) stretto
a bit big un po' (troppo) largo
naked nudo

Verbs

to try on provare
to put on mettere, mettersi
to dress vestirsi
to undress svestirsi, spogliarsi
to take off togliersi
to change cambiarsi
to wash lavare
to iron stirare
to mend rammendare, riparare
to match up abbinare
to lengthen allungare
to shorten accorciare

Idioms and useful phrases

accessory l'accessorio
well-dressed ben vestito
what size do you take? che misura?
wrong side il rovescio
right side il dritto
wig la parrucca
hairdresser il parrucchiere, la
  parrucchiera
to be fashionable andare alla moda
item il capo
clothes, wardrobe il guardaroba
fashionable colour il colore di moda
model l'indossatrice f
made to measure fatto su misura
tailor il sarto
style lo stile
old-fashioned all'antica

Essays

Il suo guardaroba

Un vestito particolare
La moda d'oggi
Il vestito non fa il monaco
Il buon gusto si riflette nel modo di vestirsi
  Commentare questa affermazione
L'importanza degli accessori
  nell'abbigliamento
Qual'è il suo colore preferito?
La moda del passato
Andando indietro nella storia, qual'è la
  moda da Lei preferita che vorrebbe
  far ritornare?
'L'estate è la stagione dei poveri'. Ci si
  riferisce al fatto che ci si veste con ·
  poco. È vero?
Riviste di moda. Qual'è la sua rivista
  preferita?
Le piacerebbe fare l'indossatrice. Dica le
  sue opinioni in merito.
'Che mi metto? È il problema di molte
  persone. Discuta l'argomento

6. EDUCATION – L'EDUCAZIONE

Types of school

school la scuola
private school la scuola privata
nursery la scuola materna
kindergarten l'asilo infantile
primary school la scuola elementare
secondary school la scuola superiore
technical school l'istituto tecnico
university l'università
dancing school la scuola di ballo
language school la scuola di lingue straniere
mixed school la scuola mista

People connected with the school

teacher (*primary*) il maestro; (*secondary*) il professore
pupil l'allievo
student lo studente
headmaster/headmistress il/la preside
head teacher (*male*) il direttore, (*female*) la direttrice
caretaker il custode
school attendant il bidello
staff i professori

Parts of the school

hall l'ingresso
corridor il corridoio
classroom l'aula
laboratory il laboratorio
library la biblioteca
changing room lo spogliatoio
gymnasium la palestra
lavatory il gabinetto
staffroom la sala dei professori

Equipment and other useful vocabulary

exercise book il quaderno
book il libro
pen la penna
fountain pen la penna stilografica
ballpoint la penna a sfera
compasses il compasso
ruler la riga
pencil la matita
pencil sharpener il temperamatite
pencil case il portamatite
blotting paper la carta assorbente
blackboard la lavagna
chalk il gesso
eraser la gomma
ink l'inchiostro
register il registro
waste paper basket il cestino
shelf lo scaffale
calendar il calendario
map la carta geografica
satchel la cartella
desk il banco
teacher's desk la cattedra
lesson la lezione
oral test la prova orale
examination l'esame *m*

Subjects – le materie

literature la letteratura
poetry la poesia
history la storia
R.E., scripture la religione, le scritture sante
drawing il disegno
physics la fisica
chemistry la chimica
mathematics la matematica
geometry la geometria
Latin il latino

Greek il greco
modern languages le lingue moderne
English l'inglese
French il francese
Spanish lo spagnolo
German il tedesco
Italian l'italiano

Adjectives referring to students

versatile versatile
studious studioso
intelligent intelligente
attentive attento
orderly, neat ordinato
lively vivace
lazy pigro
idle ozioso
methodical metodico
careless sbadato

Adjectives referring to teachers

strict severo
very strict intransigente
modern, up-to-date aggiornato
capable abile
understanding comprensivo
friendly bonario
hard to please esigente
fussy pignolo
good teacher bravo insegnante

Verbs

to enrol iscriversi

to attend frequentare
to pass an examination essere promosso
to do homework fare i compiti
to fail an examination essere bocciato
to read aloud leggere forte
to play truant marinare la scuola
to learn imparare
to teach insegnare
to progress progredire
to graduate laurearsi

Idioms and useful phrases

to learn by heart imparare a memoria
to learn by experience imparare a
    proprie spese
to work hard lavorare duro
to be sent out of the room essere messo
    alla porta
to make progress fare progressi

Essays

La mia scuola
La mia materia preferita
L'insegnamento moderno
Gli esami sono necessari?
Influenza degli esami sulla nostra
    educazione
Scuola italiana, scuola inglese –
    differenze
Il ruolo della televisione
    nell'insegnamento
Quali qualità dovrebbe avere un
    professore ideale?

15

7. LITERATURE – LA LETTERATURA

period il periodo
epoch l'epoca
Romanticism il Romanticismo
the Middle Ages il Medio Evo
Renaissance il Rinascimento
the Modern Age i tempi moderni
Classicism il Classicismo
criticism la critica
realism il realismo
role il ruolo
style lo stile
fact il fatto
event l'evenimento
story la storia
character il carattere
act l'atto
verse il verso
page la pagina
climax il punto culminante
rhythm il ritmo
play la commedia
short story il racconto
poem il poema
novel il romanzo
binding la rilegatura
encyclopaedia l'enciclopedia
index l'indice *m*
volume il volume
text il testo
contents il contenuto
introduction l'introduzione *f*
edition l'edizione *f*
revision la revisione
chapter il capitolo
section la sezione
explanation la spiegazione
conflict il conflitto
idea l'idea
form la forma
theory la teoria
scene la scena
rule la regola
composition la redazione

opinion l'opinione *f*
plot la trama
ending la fine
manuscript il manoscritto
narrative la narrativa
poetry la poesia
satire la satira
fate la sorte
meaning il significato
masterpiece il capolavoro
bibliography la bibliografia

People

author l'autore
novelist il romanziere
narrator il narratore
moralist il moralista
hero l'eroe *m*
heroine l'eroina
villain il cattivo

Adjectives

enthralling affascinante
popular popolare
well-written ben scritto
dull tedioso
arid arido
meticulous meticoloso
interesting interessante
absorbing molto interessante
common banale
concise conciso
remarkable notevole
literary letterario

Verbs

to outline descrivere a grandi linee
to publish pubblicare
to deal with trattare di
to skim through (a book) scorrere (un libro)

16

to stress mettere in risalto
to reveal rivelare
to compose comporre
to analyse analizzare
to be entitled essere intitolato
to devour (a book) divorare (un libro)
to coincide coincidere

Idioms and useful phrases

from this point of view sotto questo punto di vista
the beginning of this play is truly admirable l'inizio di questa commedia è veramente ammirevole

among contemporaries it is considered a masterpiece tra i contemporanei è considerato un capolavoro
one must admit that it lacks ... si deve ammettere che manca di ...

Essays

Il mio autore preferito
Leggere è importante. Siete d'accordo con questa opinione?
La televisione ed i libri: amici o nemici?
Parlate di un libro che avete letto

8. SPORT – LO SPORT

athletics l'atletica
athlete l'atleta *m & f*
track la pista
long jump il salto a lungo
high jump il salto in alto
pole vault il salto con l'asta
hundred metres hurdles i cento metri con ostacoli
stopwatch il cronometro
runner il corridore
discus il disco
javelin il giavellotto
gymnastics la ginnastica
trampoline il trampolino

swimming il nuoto
swimmer il nuotatore
swimming pool la piscina
breast stroke la bracciata
underwater sott'acqua
dive il tuffo
diving board il trampolino
to float stare a galla

boating il canottaggio
oar il remo

to row remare
boat race la regata

fishing la pesca
fishing rod la canna da pesca
fishing hook l'amo
fisherman il pescatore
fish il pesce
fishing line la lenza
fishing tackle l'attrezzatura da pesca

fencing (*also* foil) la scherma
fencing master il maestro di scherma
breeches i calzoni

football il calcio
team la squadra
ball il pallone
to play football giocare a pallone
coach l'allenatore
goalkeeper il portiere
left back il terzino di sinistra
right back il terzino di destra
centre forward il centro avanti

17

centre half il mediano
right wing l'ala destra
left wing l'ala sinistra
inside right l'interno destro
inside left l'interno sinistro
right half il mediano destro
left half il mediano sinistro
kick-off il calcio d'inizio
header il colpo di testa
offside in fuorigioco

cycling il ciclismo
bicycle la bicicletta
brake il freno
to ride a bicycle andare in
bicicletta
bell il campanello
pedal il pedale
saddle la sella
handlebar il manubrio
tandem il tandem

horse riding l'equitazione *f*
horse racing l'ippica
racehorse il cavallo da corsa
race course l'ippodromo
to bet scommettere
betting la scommessa
on horseback a cavallo
to mount, ride a horse montare a
cavallo
jockey il fantino
horseman il cavallerizzo
horseshoe il ferro di cavallo
whip la frusta
stadium lo stadio

tennis il tennis
tennis player il giocatore di tennis,
il tennista
forehand il diritto
backhand il rovescio
drive il drive
volley la volata
rally il lungo scambio di colpi
shot il colpo
to serve servire
tennis court il campo da tennis
lawn tennis il tennis sul prato
baseline la linea di fondo

sidelines le linee longitudinali
love lo zero
point il punto
match la partita
racket la racchetta
net la rete
whites le tenute bianche
gymshoes, trainers le scarpe da
tennis
table tennis il tennis da tavolo
to lob tirare alto
to win the match vincere la partita

boxing il pugilato
heavyweight il peso massimo
lightweight il peso leggero
bantamweight il peso gallo
featherweight il peso piuma
punch il pugno
round la ripresa
boxer il pugilatore
ring il ring
boxing gloves i guanti da
pugilatore
to knock out mettere fuori
combattimento
ropes le corde
sawdust la segatura
weigh-in il peso

hunting la caccia
game la selvaggina
pack of hounds una muta di cani
fox-hunting la caccia alla volpe
hunting country il terreno da
caccia
hunting-horn il corno da caccia
scent il fiuto
to be on the scent essere sulle
traccia
poacher il bracconiere

Other sports

skiing lo sci
to ski sciare
ski lo sci (*pl* gli sci)
skier lo sciatore *m*/la sciatrice *f*
toboggan la slitta

to toboggan slittare
skating il pattinaggio
skating rink la pista da pattinaggio
to skate pattinare
wrestling la lotta libera
motor racing le corse
automobilistiche
racing driver il corridore
(automobilistico)
racing car l'automobile *f* da corsa

Other useful vocabulary

race la gara/la corsa
competition il concorso
final il finale
semi-final il semifinale
opponent l'avversario
trainer l'allenatore *m*
track la pista
lap la tappa
cup la coppa
champion (*male*) il campione, (*female*)
la campionessa
winner il vincitore
amateur il dilettante
sports enthusiast lo sportivo
fan il tifoso
spectator lo spettatore
exciting eccitante

Verbs

to train allenare
to time cronometrare
to run correre

to jump saltare
to win vincere
to lose perdere
to attack attaccare
to knock down abbattere
to be present assistere
to disqualify squalificare
to support fare il tifo
to dive tuffarsi
to go in for sport praticare dello sport
to compete gareggiare
to shoot tirare

Idioms and useful phrases

winter sports gli sport invernali
to put up a tent montare una tenda
to do it for fun fare qualcosa per sport
what's the score? che punteggio?
to be on form essere in forma
to be in the lead essere in testa
to be beaten essere battuto
in record time a tempo di primato
at record speed a velocità di prima
at full speed a tutta velocità
to break the record battere il primato

Essays

Una partita di calcio
*Il professionalismo nello sport, è un bene
o un male?*
Il mio sport preferito
L'Italia gioca contro l'Inghilterra
I giochi olimpici
Il ciclismo

9. PASTIMES – I PASSATEMPI

dancing il ballo
  to dance ballare
  dancer il danzatore
  ballerina la ballerina
  dancing shoes le scarpe da ballo
  to tango ballare il tango
  tap-dancing il 'tip-tap'

photography la fotografia
  camera la macchina fotografica
  automatic camera la macchinetta
    automatica
  tripod il cavalletto
  lens la lente
  cameraman l'operatore
    cinematografico
  photographer il fotografo
  photo la foto
  snapshot l'istantanea
  colour photography la fotografia a
    colori
  black and white bianco e nero
  roll of film il rullo
  negative la negativa
  print la copia
  slide la diapositiva
  darkroom la camera oscura
  fixer/fixing bath il fissatore

collections le collezioni
  collector il collezionista
  miniatures le miniature
  stamps i francobolli
  postcards le cartoline
  bottles le bottiglie
  coins le monete
  old dolls le vecchie bambole
  books i libri
  pictures i quadri

card games i giochi delle carte
  pack of cards il mazzo di carte

clubs fiori
spades picche
diamonds quadri
hearts cuori
jack il fante
queen la donna
king il re
ace l'asse m
trump la briscola, (bridge) l'atou m
trick il trucco
snap il rubamazzo
bridge il bridge
poker il poker
whist il whist
a whist drive un torneo di whist
to shuffle mischiare
cut l'alzata

chess il gioco a scacchi
  chess-board la scacchiera
  square, space il quadrato
  king il re
  queen la regina
  bishop l'alfiere
  knight il cavallo
  rook, castle la torre
  pawn il pedone
  game la partita
  move la giocata

billiards il biliardo
  billiard-table il tavolo da biliardo
  cue la stecca da biliardo
  cushion la sponda

bowls il gioco delle bocce
  bowling green il campo per il
    gioco delle bocce

marbles il gioco delle palline
  draughts il gioco della dama
  to play hide-and-seek giocare a
    nascondino

kite l'aquilone *m*
rattle il sonaglio
balloon il pallone
toy il giocattolo
ball la palla
top la trottola

Verbs

to collect collezionare
to relax rilassarsi
to play around giocherellare
to play a game giocare un gioco
to stay indoors stare in casa
to take a photograph fare una
  fotografia

Idioms and useful phrases

in my spare time nel tempo libero

it's your turn tocca a te
there are four of us playing
  giochiamo in quattro
what's the game? a che gioco si
  gioca?
to play at being Indians/soldiers
  giocare agli indiani/ai soldati
to pitch a tent piantare una tenda
I'll bet you anything that I win the
  game scommetto tutto che vincerò
  la partita

Essays

Il mio tempo libero
Il mio passatempo preferito
L'importanza del tempo libero
Una giornata diversa dalle altre

10. THEATRE – IL TEATRO

curtain il sipario
the curtain rises s'alza il sipario
box il palco
orchestra stalls le poltrone delle
  prime file
balcony la prima galleria
stalls la platea
footlights le luci della ribalta
auditorium l'auditorio, la sala
stage il palcoscenico
cloakroom il guardaroba
part, rôle il ruolo
act l'atto
play il dramma, lo spettacolo
first night la prima
box office la biglietteria
audience il pubblico
producer il regista
playwright il drammaturgo
critic il critico
repertory theatre il teatro di
  repertorio
rehearsal la prova
dress rehearsal la prova generale
interval l'intervallo
plot la trama
characters i personaggi
prompter il suggeritore
theatregoer il frequentatore di teatri
theatre company la compagnia
  drammatica
cast la distribuzione

Adjectives

banal banale
amusing divertente
full pieno
half-full mezzo vuoto

Verbs

to rehearse fare le prove
to clap battere le mani
to act recitare
to entertain intrattenere
to perform mettere in scena
to slate criticare aspramente

Idioms and useful phrases

amphitheatre l'anfiteatro
open air theatre il teatro all'aperto
the play was good theatre il dramma
  aveva eccellenti qualità teatrali
a dramatic performance una
  rappresentazione drammatica
to attend rehearsal assistere alle prove
to go on stage andare in scena
that actor acts with great skill
  quell'attore recita con grande
  talento/molto bene
I often go to the theatre vado spesso
  al teatro
to see the show vedere lo spettacolo
I have enjoyed myself very much mi
  sono divertito moltissimo
to book seats in advance prenotare i
  posti in anticipo
play-reading society la
  filodrammatica
puppet-strings le corde di marionette
prolonged cheers applausi prolungati
to be a flop fare fiasco
sold out esaurito

Essays

Andare al teatro
Teatro o cinema
Una commedia famosa

11. CINEMA – IL CINEMA

seat il posto
balcony la galleria
usherette la mascherina
torch la torcia
screen lo schermo
ticket il biglietto
cashier la cassiera
way out/exit l'uscita
poster il cartellone pubblicitario
subtitle il sottotitolo
dubbing il doppiaggio
continuous performance lo
   spettacolo continuato
reel la pellicola
advertisement la pubblicità
film, picture il film
a silent film un film muto
a talkie un film sonoro
a feature film un film a lungo
   metraggio
actor l'attore
actress l'attrice
film star la diva (del cinema)
director il regista
producer il produttore
cameraman l'operatore
   cinematografico
science fiction la fantascienza
cartoons i cartoni animati
screenplay la sceneggiatura
western il western
documentary il documentario
newsreel il cinema d'attualità

thriller il (film) giallo
a comedy thriller un giallo rosa

Adjectives

boring noioso
moving commovente
full of suspense trepidante
heavy pesante

Verbs

to sign up assumere
to make a film fare un film
to shoot girare
to rehearse fare le prove
to dub doppiare
to film filmare
to act recitare

Idioms and useful phrases

first rows le prime file
thunderous applause lo scroscio di
   applausi
free ticket il biglietto gratis
seasonal closure la chiusura
   di stagione

Essays

L'ultimo film che avete visto
Il vostro attore (o attrice) preferito
L'attore e il pubblico

12. MUSIC – LA MUSICA

classical music la musica classica
modern music la musica moderna
pop music la musica pop
chamber music la musica da camera
jazz la musica jazz
pop music la musica pop
folk music la musica folcloristica
light music la musica leggera
symphony la sinfonia
overture l'ouverture *f*
score lo spartito
note la nota
opera l'opera
libretto il libretto
aria l'aria
melody la melodia
rhythm il ritmo
beat, tempo il tempo

instruments gli strumenti
  piano il pianoforte
  pianola la pianola
  grand piano il pianoforte a coda
  guitar la chitarra
  electric guitar la chitarra elettrica
  harp l'arpa
  violin il violino
  viola la viola
  cello il violoncello
  double bass il contrabasso
  oboe l'oboe *m*
  clarinet il clarinetto
  flute il flauto
  saxophone il sassofono
  tuba la tuba
  trombone il trombone
  horn il corno
  cornet il cornetto
  accordion la fisarmonica
  tambourine il tamburello
  drum il tamburo
  cymbal il cimbalo

singer il/la cantante
opera singer il/la cantante d'opera
soprano il soprano
contralto il contralto
tenor il tenore
baritone il baritono
bass il basso
duet il duetto
choir il coro
accompanist l'accompagnatore *m*
song la canzone
diction la dizione
orchestra l'orchestra
band la banda
conductor il direttore
soloist il solo
violinist il/la violinista
cellist il/la violoncellista
flautist il/la flautista
the strings gli strumenti a corda
the woodwind gli strumenti a fiato
amateur il dilettante
composer il compositore
touch la toccata
performance l'interpretazione *f*
acoustics l'acustica
recital il concerto
symphony concert il concerto
  sinfonico
concert hall la sala per concerti

Other useful vocabulary

bow l'arco
key (*of a piano*) il tasto
lid (*of a piano*) il coperchio
piano strings le corde del piano
début il debutto
record, disc il disco
record-player il giradischi
tape/cassette recorder il registratore
  a nastro/a cassetta

in tune intonata
out of tune stonata
voice la voce
nasal/sensual/shrill/clear voice la
voce nasale/sensuale/stridente/
limpida
faultless/raucous/tender/mellow/
ringing/deep voice la voce
impeccabile/rauca/morbida/
pastosa/squillante/profonda
to lose one's voice perdere la voce
in a flat voice con voce monotona

Verbs

to announce annunciare
to roll (drums) rullare
to vibrate vibrare
to play (the piano) suonare (il piano)
to sing cantare
to accompany accompagnare
to set to music mettere in musica
to conduct dirigere
to record registrare
to tune intonare
to make a record fare una registrazione
to pluck pizzicare
to harmonize armonizzare
to be fond of music esser appassionato
di musica
to strum strimpellare

Idioms and useful phrases

to pitch a tune in a lower key intonare
una melodia in chiave più bassa
to record on tape incidere su nastro
magnetico
who is conducting the orchestra? chi
dirige l'orchestra?
the low notes of a cello le note basse
di un violoncello
plucked notes le note pizzicate
to pluck a guitar/the strings of a violin
pizzicare una chitarra/le corde d'un
violino
it is a popular record è un disco
famoso
to record an L.P. registrare un 33 giri
to announce someone to the sound of
drums annunciare qualcuno a
suon di tamburo
to have an ear for music avere orecchio
per la musica
full orchestra l'orchestra al completo

Essays

Musica folcloristica
Il mio cantante preferito
Musica popolare
Cantanti moderni
Musica moderna
Secondo Lei, la musica riesce a
distendere?
Quale musica preferisce?

13. RADIO AND TELEVISION – LA RADIO E LA TELEVISIONE

transistor il transistor
valve la valvola
knob il bottone
volume il volume
battery la batteria
plug la presa di corrente
loudspeaker l'altoparlante *m*
medium/short/long wave le onde
  medie/corte/lunghe
tuning la sintonia
programme il programma
sports report la cronaca sportiva
news bulletin il notiziario
time signal il segnale orario
broadcasting station la stazione
  emittente

Radio people

announcer l'annunciatore *m*
disc-jockey il presentatore di dischi
listener l'ascoltatore *m*

T.V.

colour television la televisione a
  colori
T.V. set il televisore
screen il video
aerial l'antenna
channel il canale
commercial T.V. la televisione
  commerciale
television film il film televisivo
school programme il programma per
  le scuole
serial la serie
comedy series la commedia a
  puntate

news il telegiornale
film il film
comedy la commedia
advertisement il reclame
  pubblicitario

T.V. people

viewer il telespettatore
interviewer l'intervistatore *m*

Adjectives

harmful nocivo
useful utile
instructive istruttivo
educational educativo

Verbs

to listen ascoltare
to change programme/channel
  cambiare programma/canale
to turn on accendere
to turn off spegnere
to tune in regolare

Idioms and useful phrases

the batteries of my radio are flat si
  sono scaricate le batterie della mia
  radio

Essays

Un programma televisivo
*I vantaggi e gli svantaggi di avere una
  televisione in casa*
La televisione come mezzo educativo
Una trasmissione interessante

14. ANIMALS – GLI ANIMALI

beast la bestia
cattle il bestiame
ox il bue
cow la vacca
bull il toro
calf il vitello
ass l'asino
horse il cavallo
mule il mulo
sheep la pecora
lamb l'agnello
goat la capra
pig il maiale
cat il gatto
kitten il gattino
dog il cane
rabbit il coniglio
hare la lepre
deer il cervo
fox la volpe
mouse il topo
monkey la scimmia
giraffe la giraffa
elephant l'elefante *m*
camel il cammello
lion il leone
tiger la tigre
panther la pantera
leopard il leopardo
wolf il lupo
bear l'orso
bear cub l'orsacchiotto

birds gli uccelli
  hen la gallina
  chicken il pulcino
  cock il gallo
  duck l'anitra
  goose l'oca
  turkey il tacchino
  swan il cigno
  pheasant il fagiano
  poultry il pollame

game la selvaggina
dove la colomba
pigeon il piccione
parrot il pappagallo
eagle l'aquila
falcon il falco
sparrow il passero
owl la civetta
blackbird il merlo
swallow la rondine
nightingale l'usignolo
robin il pettirosso
canary il canarino
crow il corvo

insects gli insetti
  bee l'ape *f*
  wasp la vespa
  spider il ragno
  ant la formica
  butterfly la farfalla
  fly la mosca
  beetle lo scarafaggio
  flea la pulce
  worm il verme
  snail la lumaca

Other useful words

tail la coda
wing l'ala
leg la zampa
back il dorso
claw l'artiglio
beak il becco
mouth la bocca
hair il pelo
nest il nido
flock il branco
flight (of birds) lo stormo (di uccelli)
herd la mandria
hen-house il pollaio
stable la stalla

27

pigsty il porcile
cage la gabbia
saddle la sella
flight il volo
the antlers of a deer le corna di un
  cervo
pets gli animali domestici

Adjectives

wild selvaggio
tamed ammaestrato
fierce feroce
useful utile
vegetarian vegetariano
carnivorous carnivoro

Verbs

to mew miagolare

to bark abbaiare
to sing cantare
to neigh nitrire
to grunt grugnire
to moo muggire
to bray ragliare
to bleat belare
to howl ululare
to bite mordere
to scratch graffiare
to devour divorare
to fly volare
to gallop galoppare
to roar ruggire

Essays

Animali domestici
L'animale, amico dell'uomo
Secondo Lei, la caccia dovrebbe essere
  proibita?

15. THE GARDEN – IL GIARDINO

roof garden il giardino pensile
vegetable garden l'orto
public garden il giardino pubblico
zoological garden il giardino
  zoologico
orchard il frutteto
park il parco
gardener il giardiniere
greenhouse la serra
grass l'erba
lawn il prato
path il vialetto
flowerpot il vaso
fishpond la peschiera
pond lo stagno
nettle l'ortica
rose bush il rosaio
garden seat la sedia da giardino
bench la panchina
bush il cespuglio
flowerbed l'aiola
hedge la siepe
shrub l'arbusto
sand la sabbia
pebble la ghiaia
clay l'argilla
crazy paving il marciapiede a
  mosaico irregolare
chalk il gesso

plants le piante
  herbaceous plants le piante
    erbacee
  tropical plant la pianta tropicale
  fruit-bearing plant la pianta da
    frutto
  cactus la pianta grassa
  evergreen plants le piante sempre
    verdi
  dormant plants le piante
    quiescienti
  exotic plants le piante esotiche
  creeper la pianta rampicante

ivy l'edera
wild plant la pianta selvatica
weed l'erbaccia, *pl* le erbacce

flowers i fiori
  wild flower il fiore di campo
  violet la viola
  pansy la viola del pensiero
  carnation il garofano
  daisy la margherita
  rose la rosa
  tulip il tulipano
  daffodil il trombone
  hyacinth il giacinto
  poppy il papavero
  dandelion il dente di leone

bunch il mazzo
stem, stalk il gambo
corolla la corolla
bud la gemma
petal il petalo
seed il seme
bulb il bulbo

trees gli alberi
  fruit tree l'albero da frutto
  birch la betulla
  oak la quercia
  pine il pino
  fir l'abete
  poplar il pioppo
  lime il tiglio
  elm l'olmo
  beech il faggio
  plane il platano
  ash il frassino
  holly l'agrifoglio
  chestnut il castagno
  root la radice
  trunk il tronco
  branch il ramo
  leaf la foglia

shade l'ombra

Adjective

scented profumato

Verbs

to plant piantare
to plant out svasare
to run wild inselvatichire
to neglect trascurare
to keep up mantenere
to prune potare
to uproot sradicare
to cut tagliare
to grow coltivare
to sting pungere
to sow seminare
to weed sradicare l'erbaccia

Other useful vocabulary

planting la piantagione
fruit-growing la frutticoltura
greengrocery gli ortaggi
watering can l'innaffiatoio
hose il tubo di gomma
compost il concime
to water innaffiare
to sweep up scopare
to flower fiorire
to pick cogliere

to blossom sbocciare
to wilt appassire
to burst into flower sbocciare
all'improvviso
to fertilise concimare
to trim a hedge cimare/potare una
siepe

Idioms and useful phrases

the scent of flowers il profumo dei
fiori
a flower show una mostra di fiori
nosegay il mazzolino di fiori
a wreath of flowers una ghirlanda di
fiori
in the shade of a tree all'ombra di
un albero
a bouquet of flowers un bouquet di
fiori
the garden is well kept il giardino è
ben tenuto
the gardener picks flowers il
giardiniere raccoglie fiori

Essays

Il mio giardino
Una mostra di fiori
*Il giardino inglese e il giardino italiano:
Commentate le differenze*
Il piacere del giardinaggio
*Le piante come parte dell'arredamento
moderno*
I giardini italiani

16. THE COUNTRYSIDE – LA CAMPAGNA

plain la pianura
wood il bosco
forest la foresta
meadow il prato
field il campo
valley la vallata
hill la collina
landscape il paesaggio
land la terra
ground il terreno
soil il suolo
slope la salita
descent la discesa
path il sentiero
ditch il fosso
cave la caverna
lake il lago
stream il ruscello
river il fiume
spring la sorgente
waterfall la cascata
well il pozzo
dew la rugiada
farmer il contadino, l'agricoltore *m*
peasant il paesano
country folk i rurali
village policeman il poliziotto di
 campagna
shepherd il pastore
hunter il cacciatore
village il villaggio
inn la trattoria
country house la casa di campagna
farm la fattoria
barn la capanna
granary il granaio
mill il mulino
gate il cancello
mud il fango
manure il concime
orchard la vigna
fountain la fontana
bridge il ponte

grain crops i cereali
corn/wheat il frumento/il grano
barley l'orzo
oats l'avena
straw la paglia
hay il fieno
harvest il raccolto
vine la vigna
vintage/grape harvest la vendemmia

Adjectives

barren sterile
fertile fertile
moist umido
open aperto
flowery fiorito
squalid squallido
verdant verdeggiante
muddy fangoso
wild selvaggio
picturesque pittoresco

Verbs

to plough arare
to furrow solcare
to rake rastrellare
to hoe zappare
to dig vangare
to manure concimare
to mow falciare
to irrigate irrigare
to prune potare
to sow seminare
to gather grapes vendemmiare
to fertilize fertilizzare
to water innaffiare
to bury sotterrare
to cultivate coltivare

Tools

plough l'aratro
furrow il solco
rake il rastrello
hoe la zappa
spade la vanga
pitchfork il forcone
wheelbarrow la carriola

Idioms and useful phrases

in the open air all'aria aperta
in the fresh air all'aria fresca
a healthy place un luogo salubre
we reap what we sow chi semina,
raccoglie
as far as the eye can see a perdita
d'occhio
to have superb views avere delle belle
prospettive
to go for a walk fare una passeggiata
for a change tanto per cambiare

this land doesn't yield much questa
campagna frutta poco
in the meadows nei campi
the grass was wet with dew l'erba
era bagnata di rugiada
to live close to nature vivere a contatto
con la natura
to breathe deeply respirare a pieni
polmoni
through the fields per i campi
to eat what's good for you mangiare
roba sana
the path winds around the wood il
sentiero gira intorno al bosco

Essays

Un giorno in campagna
Vita di campagna
Campagna o città
Vantaggi e svantaggi di vivere in
campagna

17. THE WEATHER – IL TEMPO

sky il cielo
cloud la nuvola
sun il sole
moon la luna
ray il raggio
star la stella
air l'aria
atmosphere l'atmosfera
climate il clima
storm il temporale
flash of lightning il fulmine
thunder il tuono
rain la pioggia
shower l'acquazzone m
(rain)drop la goccia (di pioggia)
hurricane l'uragano
shelter il rifugio
wind il vento
snow la neve
snowflake il fiocco di neve
hail la grandine
sleet il nevischio
frost la gelata
ice il ghiaccio
dew la rugiada
fog la nebbia
drought la siccità
earthquake il terremoto
flood l'allagamento
smoke il fumo
hailstone il chicco di grandine
rainbow l'arcobaleno
thaw il disgelo

Adjectives

fresh/chilly fresco
healthy salutare
fine bello
wet umido
nasty cattivo
clear sereno
dry asciutto

mild mite
cold freddo
warm caldo
sultry afoso
dark scuro
bright chiaro

Verbs

to rain piovere
to fall cadere
to pour with rain diluviare
to blow tirare (vento)
to shine brillare
to melt sciogliersi
to drizzle piovigginare
to freeze gelare
to hail grandinare
to snow nevicare
to shelter ripararsi

Other useful vocabulary

thermometer il termometro
barometer il barometro
heat il calore
moonlight il chiar di luna
sunrise il levarsi del sole
shade/shadow l'ombra
eclipse of the sun l'eclissi solare f

Idioms and useful phrases

gale il vento violento
it's thundering tuona
there's a flash of lightning lampeggia
it is windy tira vento
it was hot faceva caldo
it is cold fa freddo
it is fine fa bello
it is dark è buio
what is the weather like? che tempo
 fa?

to be in the sun essere al sole
to rain cats and dogs piovere a catinelle
to be soaked to the skin essere bagnato
fino alle ossa
biting cold il freddo che penetra nelle ossa
I am cold/hot ho freddo/caldo
it has stopped raining ha smesso di piovere
the snow was one metre deep la neve era alta un metro
slush la neve bagnata e sporca
struck by lightning colpito da un fulmine
to sleep in the open dormire all'aperto
weather forecast bollettino meteorologico

red sky at night, shepherd's delight rosso di sera, bel tempo si spera
the colours of the rainbow i colori dell'arcobaleno

Essays

Una giornata primaverile
Tempo d'estate
*Il tempo influisce sull'umore della gente.
È vero?*
Il clima inglese
*Il tempo è il soggetto più discusso in
Inghilterra. Secondo Lei, per quale
ragione?*
Le stelle

18. THE TIME – IL TEMPO

century il secolo
epoch l'era
year l'anno
leap year l'anno bisestile
season la stagione
spring la primavera
summer l'estate *f*
autumn l'autunno
winter l'inverno

month il mese
January gennaio
February febbraio
March marzo
April aprile
May maggio
June giugno
July luglio
August agosto
September settembre
October ottobre
November novembre
December dicembre

week la settimana
Monday lunedì
Tuesday martedì
Wednesday mercoledì
Thursday giovedì
Friday venerdì
Saturday sabato
Sunday domenica

fortnight quindici giorni
day il giorno
half-day la mezzagiornata
morning il mattino
midday il mezzogiorno
afternoon il pomeriggio
night la notte
midnight la mezzanotte
dawn l'alba
sunset il tramonto

hour l'ora
what time is it? che ora è? che ore
sono?
it is one o'clock è l'una
it is two o'clock etc. sono le due ecc.
it is exactly ten o'clock sono le dieci
precise
ten minutes to nine dieci minuti alle
nove
a quarter past eleven le undici e un
quarto
half past two le due e mezza
half an hour una mezz'ora
minute il minuto
second il secondo
moment il momento
daily quotidiano
weekly settimanale
monthly mensile
yearly annuale

Adverbs of time and other useful vocabulary

today oggi
yesterday ieri
the day after tomorrow dopo
domani
the day before yesterday l'altro ieri
tomorrow domani
present il presente
future il futuro/l'avvenire *m*
past il passato
now ora
after dopo
at once subito, presto
late tardi
time il tempo; (occasion) la volta
at the same time allo stesso tempo
at times a volte
every time ogni volta
first/before prima
yet/still ancora

35

he is still here è ancora qui
he has not yet left non è ancora partito
do you want some more? ne vuoi ancora?
once again ancora una volta
just now proprio ora
the day before la vigilia, il giorno prima
the following day il giorno dopo
New Year's Eve il Capodanno
New Year's Day il Primo dell'Anno
Easter la Pasqua
Good Friday il Venerdì Santo
Christmas Eve la Vigilia di Natale
Christmas il Natale
Merry Christmas Buon Natale
Happy New Year Buon Anno
sooner or later prima o poi
from time to time di tanto in tanto
now and again ogni tanto
up to now fin'ora
up till then fino allora
interval l'intervallo

at what time? a che ora?
meanwhile mentre, nel frattempo
time is up è ora
next time la prossima volta
last time la volta scorsa
two at a time due alla volta
all the time per tutto il tempo
to gain time guadagnar tempo
to lose time perdere tempo
the good old times i bei tempi andati
to have a bad time passarsela male
hard times gli anni difficili
in due time a tempo debito
in a month's time fra un mese
this time next week oggi a otto
all in good time ogni cosa a suo tempo
nowadays oggigiorno
from morning till night dalla mattina alla sera
recent di recente
my watch is fast/slow il mio orologio va avanti/indietro
in a hurry in fretta
better late than never meglio tardi che mai

Verbs

to pass passare
to spend trascorrere
to last durare
to remain rimanere
to end finire
to wait aspettare
to hurry/hasten affrettarsi
to delay ritardare
to be about to essere sul punto di
to slow down rallentare

Idioms and useful phrases

timetable l'orario

Essays

L'autunno
Quale stagione preferite e perchè?
Sabato sera a casa vostra
Una fine settimana particolare
I 'Week-ends'
Il tempo passa ... esperienze ed errori
I tempi d'oggi
Progetti per l'avvenire
Il progresso ha accelerato i tempi ... È vero?
'Meglio tardi che mai'
L'anno scorso
Una passeggiata in autunno

19. THE MOUNTAIN – LA MONTAGNA

mountaineering l'alpinismo
hill il colle, la collina
slope il pendio
summit la cima
altitude l'altitudine m
edelweiss la stella alpina
the Alps le Alpi
rock la roccia
avalanche la valanga
ice il ghiaccio
glacier il ghiacciaio
snow la neve
cleft il crepaccio
pass il valico
path il sentiero
mountaineer's rope la corda
  d'alpinismo
tunnel la galleria
cavern la caverna
abyss l'abisso
pasture il pascolo
plateau l'altopiano
funicular/cable railway la funivia
skier lo sciatore
knapsack lo zaino

Adjectives

inaccessible inaccessibile
steep ripido
sloping scosceso
snowy nevoso
stony sassoso
treacherous infido

Verbs

to cross valicare

to go up salire
to go down scendere
to climb arrampicarsi
to seize appigliarsi
to ski sciare
to scale scalare

Idioms and useful phrases

high mountains le alte montagne
deep snow la neve alta
from the top of the mountain, the
  eye takes in the whole valley
  dall'alto della montagna, l'occhio
  abbraccia tutta la vallata
they climbed roped together salirono
  in cordata
a low range of mountains una bassa
  catena di monti
the mountains extend to the north i
  monti si estendono a nord
at the foot of the mountain ai piedi
  della montagna
snow-white biancaneve
to break the ice rompere il ghiaccio
snowball la palla di neve

Essays

La montagna
L'alpinismo
Una gita in montagna
La montagna amica o nemica
  dell'uomo?
Una montagna famosa
Un incidente in montagna

20. THE SEA – IL MARE

tide la marea
at high/low tide con l'alta/la bassa
marea
pier il molo
wave l'onda
foam la spuma
storm la burrasca
rock la roccia
cliff lo scoglio
lighthouse il faro
port il porto
mole il molo
dyke la diga
coast la costa
beach la spiaggia
sand la sabbia
sea-shell la conchiglia
seaweed l'alga
deckchair la sdraia
sunglasses gli occhiali da sole
tan l'abbronzatura
bottom il fondo
bay la baia
swimming il nuoto

ship la nave
vessel il battello
steamer il piroscafo
boat la barca
submarine il sottomarino
liner il transatlantico
motorboat il motoscafo
trawler il motopeschereccio
rubber dinghy il canotto di
salvataggio
lifeboat la scialuppa
fishing boat la barca da pesca
tanker la petroliera
hovercraft l'hovercraft m
fleet la flotta
cabin la cabina
bow la prua
stern la poppa

deck il ponte
bridge la passerella
mast l'albero
sail la vela
flag la bandiera
shipwreck il naufragio
oar il remo
anchor l'ancora
lifebelt la cintura di salvataggio
compass la bussola
cruise la crociera
dockyard il cantiere
shipment il carico
shipowner l'armatore
sailor il marinaio
captain il capitano
purser il commissario di bordo
pilot il pilota
crew l'equipaggio
cabin boy il mozzo
helmsman il timoniere
sea-dog il lupo di mare

Adjectives

rough mosso
calm calmo
foaming spumeggiante
deep profondo
shallow poco profondo
choppy agitato

Verbs

to dive tuffarsi
to plunge gettarsi in acqua
to swim nuotare
to row remare
to be seasick avere mal di mare
to be wrecked fare naufragio
to drown annegarsi
to embark imbarcare
to sail salpare

to cross attraversare
to land atterrare
to collide urtarsi
to weigh anchor levare l'ancora
to cast/drop anchor gettare l'ancora
to sink affondare

Idioms and useful phrases

by land and sea per mare, per terra
to be at sea essere in mare
polluted water acqua inquinata
on the high seas in alto mare
sea air l'aria di mare
in the middle of the sea in mezzo
   al mare

tossed by the waves sballottata dalle
   onde
to receive a radio signal ricevere una
   comunicazione radio
on board a bordo
out at sea al largo
crest of the wave la cresta dell'onda
to be at the mercy of the waves essere
   in balia delle onde

Essays

Una crociera
Un naufragio
Vacanze al mare
Il mare o la montagna?
Vacanze d'estate

21. MOTORING – L'AUTOMOBILISMO

car l'automobile *f*
racing car la macchina da corsa
sports car la macchina sportiva
saloon car la berlina
lorry il camion
trailer il rimorchio
motorcycle la motocicletta
scooter la motoretta
number plate la targa
bonnet il cofano
boot il bagagliaio
bumper il paraurti
chassis lo 'chassis'
wheel la ruota
spare wheel la ruota di scorta
rear wheel la ruota di dietro
clutch la frizione
accelerator l'acceleratore *m*
exhaust lo scappamento
doorhandle la maniglia
tank il serbatoio
carburettor il carburatore
tyre la gomma
radiator il radiatore
battery la batteria
front seat il sedile anteriore
rear seat il sedile posteriore
seat belt la cintura di sicurezza
brake il freno
handbrake il freno a mano
engine il motore
driving mirror lo specchietto
  retrovisivo
steering wheel il volante
speedometer il contachilometri
lights le luci
headlights gli abbaglianti
windscreen il parabrezza
horn la tromba
starter l'avviatore *m*
petrol la benzina
oil l'olio
acceleration la ripresa

Other useful vocabulary

driver l'autista
garage il garage
motor show il salone dell'automobile
road sign il segnale stradale
road conditions la viabilità
roadworks i lavori in corso
crossroads il crocevia
ring road la circonvallazione
licence la patente
fine la multa
insurance l'assicurazione *f*
hitch-hiker l'autostoppista *m & f*
pedestrian il pedone
car park il parcheggio
road map la carta stradale
highway code il codice della strada
pedestrian crossing il passaggio
  pedonale
one-way street senso unico
dual carriageway la doppia
  carreggiata
lane la corsia
flyover il cavalcavia
underpass il sottopassaggio
breakdown il guasto
puncture la foratura/la bucatura
collision il tamponamento
road tax il bollo
accident l'incidente *m*
driving test l'esame guida *m*
traffic lights il semaforo

Adjectives

noisy rumoroso
busy (with traffic) intasato, trafficato
impassable impraticabile
slippery scivoloso
icy ghiacciato

Verbs

to dazzle abbagliare
to consume consumare
to park parcheggiare
to overtake sorpassare
to overturn capovolgersi
to reverse fare marcia indietro
to hit urtare
to run over investire
to turn girare, voltare
to divert deviare
to start mettere in moto
to switch off spegnere
to slow down rallentare
to accelerate accellerare
to brake frenare
to hoot suonare
to turn on the lights accendere le luci
to lock chiudere a chiave
to fine multare
to test collaudare

Idioms and useful phrases

to hitch a lift fare l'autostop

to have a good sense of direction aver il
    senso della direzione
rush-hour l'ora di punta
to fill up with petrol fare il pieno di
    benzina
to go at full speed andare a tutta
    velocità
no parking divieto di parcheggio
to dip the headlights abbassare i fari
to turn to the right/left girare a destra/
    a sinistra
to go straight on andare dritto
the policeman directs the traffic il
    poliziotto controlla il traffico
petrol station la stazione di
    rifornimento

Essays

La mia automobile
Il mio esame guida
Un incidente automobilistico
Il traffico

41

22. THE RAILWAYS – LA FERROVIA

the Underground la metropolitana
goods train il treno merci
through train il treno diretto
armoured train il treno blindato
diesel engine la locomotiva diesel
slow train il treno accellerato
fast/express train il rapido/il
  direttissimo
passenger train il treno passeggeri
goods and passenger train il treno
  misto
excursion train il treno di piacere
sleeper il vagone letto
station la stazione
way in l'entrata
waiting room la sala d'attesa
single ticket il biglietto d'andata
return ticket il biglietto di andata e
  ritorno
season ticket l'abbonamento
reduced price ticket il biglietto a
  prezzo ridotto
luggage ticket il biglietto di consegna
booking office la biglietteria
timetable l'orario dei treni
coffee bar il caffè
platform il binario
class la classe
left luggage il deposito bagagli
bookstall il chiosco
subway il sottopassaggio
escalator la scala mobile
rail la rotaia
level crossing il passaggio a livello

Parts of the train

wagon il vagone
sleeping car il vagone letto
restaurant car il vagone ristorante
corridor il corridoio
brake il freno
buffer il respingente

whistle il fischio
wheel la ruota
engine/locomotive la locomotiva
compartment lo scompartimento
smoker/smoking compartment lo
  scompartimento per fumatori
carriage la carrozza
carriage door lo sportello
communication door la porta di
  comunicazione
carriage window il finestrino
luggage rack il portabagagli
seat il posto (a sedere)
communication cord il campanello
  d'allarme
W.C. il gabinetto

Other useful vocabulary

network la rete ferroviaria
curve la curva
crash la collisione/il tamponamento
arrival l'arrivo
starting point la provenienza
signal box il casello ferroviario
signal il segnale
tunnel il tunnel
stop la fermata
destination la destinazione
departure la partenza

People

station master il capo stazione
ticket collector il controllore
inspector l'ispettore m
passenger il passeggero
porter il facchino
engine driver il macchinista

Adjectives

tedious monotono

Verbs

to puff sbuffare
to whistle fischiare
to brake frenare
to catch the train prendere il treno
to miss the train perdere il treno
to break the journey for an hour
fermarsi per un'ora
to accelerate accelerare
to slow down rallentare
to stand stare in piedi
to hold tight tenersi stretto
to board the train montare sul treno
to alight from the train scendere dal
treno
to book a ticket prendere un biglietto
to lower/raise the window abbassare/
alzare il finestrino

Idioms and useful phrases

train departing from il treno in
partenza da
train arriving at il treno in arrivo a
the passing of a train il passaggio di
un treno
to couple the engine to the train
agganciare la locomotiva al treno

the train is on schedule il treno è in
orario
I shall be arriving by the five o'clock
train arriverò con il treno delle
cinque
lateness of the train il ritardo del treno
train journey il viaggio in treno
for how many minutes do we stop?
per quanti minuti ci fermiamo?
I'll come and see you off ti
accompagno alla stazione
the train was ten minutes late il
treno aveva dieci minuti di ritardo
the train due in from Leeds il treno
proveniente da Leeds
is there a connection for ...? c'è una
coincidenza per ...?
to come off the rails andare fuori
binario

Essays

Un incidente ferroviario
Il piacere di andare in treno
Un viaggio in treno
*Vantaggi e svantaggi di un viaggio in
treno*
*Il progresso ferroviario raggiunto sino ad
oggi*
Avventure di viaggio

23. AVIATION – L'AVIAZIONE

aeroplane l'aeroplano
passenger plane l'aereo passeggeri
four-engined plane il quadrimotore
monoplane il monoplano
biplane il biplano
freight plane l'aereo da cargo
airliner l'aereo di linea
jet plane il jet, l'aereo a reazione
aircraft carrier la portaerei
military plane l'aereo militare
airship l'aeronave *f*, il dirigibile
helicopter l'elicottero
glider l'aliante *m*
bomber il bombardiere

Space Travel

rocket il razzo
space rocket il razzo interplanetario
satellite il satellite
spaceship l'astronave *f*
space suit la tuta spaziale
cosmonaut il cosmonauta
astronaut l'astronauta *m & f*
countdown il conto alla rovescia

People

pilot il pilota
co-pilot il secondo pilota
aviation engineer il meccanico
 d'aviazione
air hostess l'hostess *f*
crew l'equipaggio

Parts of an aeroplane

cockpit la cabina piloti
passenger compartment la cabina
 passeggeri
wingspan l'apertura alare

propeller l'elica
blade l'ala dell'elica
joystick la leva di comando
fuselage la fusoliera

Other useful vocabulary

airport l'aeroporto
aerodrome l'aerodromo
heliport l'eliporto, la stazione per
 elicotteri
runway la pista
hangar lo hangar
control tower la torre di controllo
gangway la passerella
tanker l'aerocisterna
air force, l'aeronautica militare
air-raid l'incursione aerea
height/altitude la quota
speed la velocità
flight il volo
landing l'atterraggio
take-off il decollo
crash landing l'atterraggio di fortuna
seat belt la cintura di sicurezza
parachute il paracadute
flying hours le ore di volo
air-sickness il mal d'aereo
air-pocket il vuoto d'aria
by air per via aerea
fuel la benzina
reservation la riservazione
customs check il controllo doganale
flight number il numero di volo
ticket il biglietto
air travel il viaggio aereo
noise il rumore
pressure la pressione
identity card la carta d'identità
passport il passaporto
document il documento
airline la linea aerea
air route la rotta aerea

wreck il rottame

Verbs

to fly volare
to land atterrare
to take off decollare
to refuel rinfornire di carburante
to shoot down abbattere
to throb vibrare
to examine esaminare
to crash fracassarsi
to call out fare scalo
to fly over sorvolare
to launch lanciare
to put into orbit mettere in orbita
to gain/lose height prendere/perdere
  quota

Idioms and useful phrases

poor visibility scarsa visibilità
**today air travel is safe, quick and
  relatively cheap** oggi il viaggio
  aereo è sicuro, veloce e
  relativamente a buon mercato

Essays

Viaggio di volo
L'aeroporto di Londra
*Vantaggi e svantaggi del viaggio in
  aereo*
Un incidente aereo
L'uomo nello spazio
La conquista dello spazio
L'aeroplano moderno

24. GEOGRAPHY – LA GEOGRAFIA

globe il globo
universe l'universó
earth la terra
space lo spazio
firmament il firmamento
sky il cielo
planet il pianeta
comet la cometa
star la stella
pole star la stella polare
constellation la costellazione
pole il polo
equator l'equatore *m*
island l'isola
peninsular la penisola
headland/promontory il
  promontorio
gulf il golfo
bay la baia
coast la costa
strait lo stretto
moon la luna
moonlight il chiar di luna
sun il sole

cardinal points i punti cardinali
north nord
south sud
east est
west ovest
map la carta geografica
estuary l'estuario
torrent il torrente
current la corrente
lagoon la laguna
lake il lago
ocean l'oceano
canal il canale
chain of mountains la catena
pass il passo
precipice il precipizio
country/nation la nazione
territory il territorio
Riviera la Costa Azzurra
the Far East l'Estremo Oriente
the Middle East il Medio Oriente
Scandinavia la Scandinavia
East Indies le Indie Orientali
West Indies le Indie Occidentali

Atlantic l'Oceano Atlantico
Pacific l'Oceano Pacifico
Mediterranean il Mediterraneo
the Iron Curtain la Cortina di Ferro
Balkans i Balcani

continents i continenti
Europe l'Europa
the Americas le Americhe
Africa l'Africa
Asia l'Asia
Australia l'Australia

25. THE NATIONS – LE NAZIONI

La nazione	gli abitanti	la lingua
Italy l'Italia	the Italians gli Italiani	Italian l'italiano
Great Britain la Gran Bretagna	the British, the English gli Inglesi	English l'inglese
France la Francia	the French i Francesi	French il francese
Belgium il Belgio	the Belgians i Belgi	Flemish il fiammingo
Holland l'Olanda	the Dutch gli Olandesi	Dutch l'olandese
Germany la Germania	the Germans i Tedeschi	German il tedesco
Austria l'Austria	the Austrians gli Austriaci	
Switzerland la Svizzera	the Swiss gli Svizzeri	
Greece la Grecia	the Greeks i Greci	Greek il greco
Spain la Spagna	the Spanish gli Spagnoli	Spanish lo spagnolo
Russia la Russia	the Russians i Russi	Russian il russo
Japan il Giappone	the Japanese i Giapponnesi	Japanese il giapponese
China la Cina	the Chinese i Cinesi	Chinese il cinese
American l'America	the Americans gli Americani	
Canada il Canada	the Canadians i Canadesi	
Australia l'Australia	the Australians gli Australiani	

26. POLITICS – LA POLITICA

citizen il cittadino
politician l'uomo politico
state lo stato
government il governo
parliament il parlamento
speech il discorso
debate il dibattito
sitting la seduta
law la legge
bill il progetto di legge
coalition la coalizione
party il partito
the left (wing) la sinistra
the right (wing) la destra
socialism il socialismo
socialist il/la socialista
communism il comunismo
communist il/la comunista
conservative il conservatore/la
    conservatrice
conservatism il conservatorismo
liberal il/la liberale
party leader il capopartito
minister il ministro
prime minister il primo ministro
foreign secretary il ministro degli
    affari esteri
Chancellor of the Exchequer
    ministro delle finanze
cabinet il gabinetto
MP il deputato
election l'elezione f
election campaign la campagna
    elettorale
meeting la riunione
seat il seggio
candidate il candidato/la candidata
polling booth la cabina elettorale
vote il voto
voting paper la scheda elettorale

Adjectives

leftwing di sinistra
rightwing di destra
socialist socialista
communist comunista
conservative conservatore
liberal liberale
rowdy turbolento
stormy furioso

Verbs

to vote votare
to resign dimettersi
to make a speech fare un discorso
to reject rigettare
to meet riunirsi
to elect eleggere
to preside presiedere

Phrases

to introduce a bill presentare un
    progetto di legge
to infringe a law trasgredire una legge
to pass an act approvare una legge
to preside at a public meeting
    presiedere un'adunanza pubblica
to introduce improvements into the old
    system introdurre miglioramenti
    nel vecchio sistema

Essays

Una campagna elettorale in Inghilterra
La carriera politica
Le qualità di un uomo politico

27. THE TOWN – LA CITTÀ

the street la strada
boulevard il boulevard
avenue il viale
pavement il marciapiede
street-lamp il lampione
square la piazza
dead end la strada chiusa
diversion la deviazione
telephone box la cabina telefonica
town hall il comune
hospital l'ospedale *m*
court of justice la giustizia
court il tribunale
swimming pool la piscina
cathedral la cattedrale
statue la statua
hotel l'albergo
stadium lo stadio
district il quartiere
suburb il sobborgo
outskirts la periferia
fire brigade i pompieri
café il caffè
museum il museo
kiosk il chiosco
bus station la stazione di autobus
prison la prigione
church la chiesa
restaurant il ristorante
tower la torre
castle il castello

People

mayor il sindaco
pedestrian il pedone

motorist l'automobilista *m*
inhabitant il cittadino
population la popolazione
taxi-driver il tassista
delivery man l'uomo delle consegne

Adjectives

unhealthy malsano
noisy rumoroso
medieval medioevale
full of character pieno di carattere
tranquil tranquillo

Verbs

to found fondare
to raze radere al suolo

Idioms and useful phrases

people are the same the world over
tutto il mondo è paese
when in Rome, do as the Romans
do paese che vai, usanze che trovi
underdeveloped country un paese
sottosviluppato
backward country un paese arretrato

Essays

La mia città preferita
Una città italiana
Vantaggi e svantaggi di vivere in città
La città spaziale
Il 'Mezzogiorno'

28. TRADE AND INDUSTRY – IL COMMERCIO E L'INDUSTRIA

Chamber of Commerce la Camera
di Commercio
trade union il sindacato
state enterprise l'impresa pubblica
firm la ditta
factory la fabbrica

Occupations – le professioni

boss/employer il padrone/il datore
di lavoro
director il direttore
manager il gerente
employee il dipendente
business man l'uomo d'affari
shareholder l'azionista m
partner il socio
trader, dealer il commerciante
shopkeeper il negoziante
wholesaler il commerciante
all'ingrosso
staff il personale
labour la manodopera
apprentice l'apprendista m & f
accountant/book-keeper il contabile
typist il dattilografo
shorthand typist lo stenodattilografo
secretary il segretario
telephonist il/la telefonista
baker il fornaio
butcher il macellaio
fruiterer il fruttivendolo
fishmonger il pescivendolo
tobacconist il tabaccaio
chemist il farmacista
solicitor l'avvocato
notary il notaio
bookseller il libraio
librarian il bibliotecario
publisher l'editore m
stockbroker l'agente di cambio m
prime minister il primo ministro

beggar il/la mendicante
unemployed person il disoccupato
milliner la modista
dressmaker il sarto
shoemaker il calzolaio
jeweller il gioielliere
goldsmith l'orologiaio
carpenter il carpentiere
porter il portiere
shop assistant il commesso
commercial traveller il viaggiatore di
commercio
decorator il decoratore
seller il venditore
writer lo scrittore
artist l'artista m & f
poet il poeta
painter il pittore

office l'ufficio
desk la scrivania
typewriter la macchina da scrivere
telephone il telefono
calculator la calcolatrice
computer l'elaboratore elettronico
photocopier la fotostatica
invoice la fattura
carbon paper la carta carbone

shop il negozio
shop window la vetrina
lift l'ascensore m
cash desk/checkout la cassa
counter il banco
order l'ordine m
delivery la consegna
goods la merce
carriage paid il franco di porto
duty-free il franco dazio
packing l'imballaggio
catalogue il catalogo

sample il campione
slack season la stagione morta
sale la vendita
(bargain) sale la liquidazione
reduction la riduzione

finance la finanza
tax la tassa
revenue il reddito
private income il reddito personale
income tax l'imposta sul reddito
VAT I.V.A.
tax-free income il reddito esente
da imposta
loan il prestito
bankruptcy il fallimento
balance-sheet il bilancio

industry l'industria
raw materials le materie prime
textiles i prodotti tessili
chemicals i prodotti chimici
agricultural produce i prodotti
agricoli
waste products i prodotti di scarto
manufactured products i prodotti
lavorati
production la produzione
mass production la produzione in
serie
refinery la raffineria
steelworks l'acciaieria
coalmine la miniera di carbone
capital il capitale
profit il profitto
dividend il dividendo
assets l'attivo
liabilities il passivo
boom il 'boom'
slump la crisi
investment l'investimento
income l'entrata
expenditure le spese
cost il costo
cost-price il prezzo di costo
working days i giorni lavorativi
part-time il lavoro a mezzo tempo
full-time il lavoro a tempo pieno
overtime lo straordinario
holiday la vacanza

wage la paga
salary il salario
strike lo sciopero

Verbs

to pack imballare
to produce produrre
to fall due scadere
to discount scontare
to strike scioperare
to run dirigere
to supply fornire
to deliver consegnare
to balance bilanciare
to set up mettere su
to go bankrupt fallire
to cover expenses coprire le spese
to afford permettersi
to increase aumentare
to purchase acquistare
to earn one's living guadagnarsi il pane
to train addestrare
to debit, charge addebitare
to bid fare un'offerta
to sack licenziare
to set to work mettersi a lavoro

Idioms and useful phrases

it's a piece of cake è un lavoro
facilissimo
to do good business fare dei buoni affari
to deliver to the door consegnare a
domicilio
to be hard up essere a corto di soldi
to get a good wage ricevere una buona
paga
the Common Market il Mercato
Comune
to live on one's income vivere di
reddito
manual labour il lavoro manuale
the working classes le classi
lavoratrici
to work by the hour lavorare a ore
unfit to work inabile al lavoro
to have a good job aver un buon lavoro
Labour Exchange l'Ufficio di Lavoro

social security l'assistenza sociale
to pay expenses pagare le spese
sickness benefit l'indennità di
malattia
all expenses paid tutto spesato
cash on delivery (C.O.D.) pagamento
alla consegna
payment by instalment pagamento a
rate
monthly payment pagamento
mensile
voting by show of hands il voto a
mani levate

a successful man un uomo arrivato

Essays

Una visita ad un mercato
La vostra professione preferita
I grandi magazzini
I sindacati
Visita ad una industria
Importazione ed esportazione
dell'Inghilterra
L'Inghilterra e il commercio con l'estero
La scelta di una carriera

29. MONEY AND MAIL – IL DENARO E LA POSTA

money il denaro/i soldi
cash i contanti
change il denaro spiccio/la
moneta/gli spiccioli
paper money la carta moneta
pound sterling la sterlina
purse il portamonete
wallet il portafogli
money-box il salvadanaio

bank la banca
cheque book il libretto d'assegni
traveller's cheque l'assegno
turistico
rate of exchange la valuta di
cambio
bank account il conto in banca
debit l'addebito
credit l'accredito
interest l'interesse *m*
cashier il cassiere
clerk l'impiegato
debtor il debitore
creditor il creditore

post office l'ufficio postale
letter la lettera

envelope la busta
stamp il francobollo
postage l'affrancatura
postcard la cartolina
post-paid affrancato
parcel il pacco
telegram il telegramma
P.O. box la casella postale
posting box, letter-box la buca
delle lettere
mail la posta
airmail la posta aerea
postman il postino

Other useful vocabulary

Stock Exchange, money market la
borsa
gold l'oro
silver l'argento
wealth la ricchezza
safe la cassaforte
discount lo sconto

Adjectives

expensive costoso, caro

cheap a buon mercato
exorbitant esorbitante
astronomical astronomico
moderate moderato
reduced ridotto
high alto
low basso
reasonable ragionevole
miserly, stingy tirchio
big spender spendaccione
thrifty economico
extravagant stravagante

Verbs

to rise aumentare
to fall abbassare
to cost costare
to buy comprare
to buy on credit comprare a credito
to save up risparmiare
to pay cash pagare in contanti
to spend spendere
to invest investire
to squander dissipare
to endorse girare
to settle sistemare
to be short (of money) essere a corto (di
  denaro)
to buy on hire purchase pagare a rate

Idioms and useful phrases

the cost of living il costo della vita, il
  carovita
to make money far soldi
can you change this ten pound
  note? può spicciarmi dieci sterline?
broke squattrinato
you are always spending! non fai
  che spendere!
how much does this cost? quanto
  costa?
to cash a cheque incassare un assegno
to make out a cheque fare un assegno
time is money il tempo è denaro
to get money for jam ottenere soldi
  senza fatica
money does not grow on trees i soldi
  non piovono dal cielo
I haven't a bean non ho una lira

Essays

Come spendo il mio denaro
Il denaro non è tutto nella vita.
  Commentare
I soldi non comprano l'amore
Se vincessi al totocalcio ...
I soldi sono la causa di tutti i vizi

30. RELIGION – LA RELIGIONE

Types

Catholic Cattolica
Anglican Anglicana
Orthodox Ortodossa
Protestant Protestante

monastery il monastero
convent il convento
chapel la cappella
abbey l'abbazia
parish la parrocchia
church la chiesa
heaven il paradiso
purgatory il purgatorio
hell l'inferno
salvation la salvezza
bible la bibbia
gospel il vangelo
Old Testament il Vecchio
Testamento
New Testament il Nuovo Testamento
sin il peccato
faith la fede
belief la credenza

People

Catholic il Cattolico
Anglican l'Anglicano
Orthodox l'Ortodosso
Jew l'Ebreo
Christian il Cristiano
believer il credente
sinner il peccatore
monk il frate
nun la monaca
apostle l'apostolo
angel l'angelo
devil il diavolo
Pope il Papa
archbishop l'arcivescovo
bishop il vescovo

priest il prete
abbot l'abate
vicar il curato
pilgrim il pellegrino
martyr il martire
devout person il devoto
fanatic il fanatico
sacristan il sagrestano
God Dio
Jesus Christ Gesù Cristo

Parts of the church

altar l'altare
pulpit il pulpito
shrine il reliquiario
choir il coro
font l'acquasantiera
pew il banco
pillar la colonna
cross la croce
crucifix il crocefisso

Other useful vocabulary

baptism il battesimo
communion la comunione
confirmation la cresima
wedding le nozze
funeral il funerale
candle la candela
mass la messa
prayer la preghiera
worship il culto
sacrament il sacramento
procession la processione
hymn l'inno
incense l'incenso

Festivals

Christmas il Natale
Christmas Eve la Vigilia di Natale

Epiphany l'Epifania
Lent la Quaresima
Palm Sunday la Domenica delle
Palme
Good Friday il Venerdì Santo
Easter la Pasqua
Whitsun le Pentecoste
All Saints' Day Tutti i Santi
New Year's Day il Primo dell'Anno

Adjectives

religious religioso
pious, devout devoto
holy santo
mortal mortale
immortal immortale
divine divino
hypocritical ipocrita
faithful fedele

Verbs

to repent pentirsi
to sin peccare

to attend assistere
to preach fare la predica
to pray pregare
to go to church andare in chiesa
to adore adorare
to confess confessarsi
to bless benedire

Idioms and useful phrases

a holy relic una reliquia sacra
Merry Christmas Buon Natale
Happy New Year Felice Anno
Nuovo
church wedding matrimonio
religioso

Essays

La religione dovrebbe essere materia di
studio?
Una cattedrale
Natale a casa vostra
Pasqua
Festività religiose

31. WAR – LA GUERRA

army l'esercito
infantry la fanteria
regiment il reggimento
trench la trincea
cavalry la cavalleria
artillery l'artiglieria
troop la truppa
fortress la fortezza

People

general il generale
colonel il colonnello
major il maggiore
captain il capitano
lieutenant il tenente
sergeant il sergente
corporal il caporale
recruit la recluta
refugee il profugo
officer l'ufficiale m
sentinel la sentinella
enemy il nemico
hero l'eroe m
spy la spia
hostage l'ostaggio
rebel il ribelle
partisan il partigiano
aggressor l'aggressore m
patriot il patriota
prisoner of war il prigioniero di
    guerra

Weapons

cannon il cannone
rifle il fucile
atomic bomb la bomba atomica
rocket il razzo
powder la polvere
ammunition le munizioni
bayonet la baionetta

machine gun la mitragliatrice
pistol la pistola
missile il missile
bullet la pallottola/il proiettile
cartridge la cartuccia
trigger il grilletto
target la mira/il bersaglio

Other useful vocabulary

military service il servizio militare
helmet l'elmetto
shelter il rifugio
armistice l'armistizio
firing la sparatoria
battle la battaglia
danger il pericolo
hostility l'ostilità
flag la bandiera
attack l'attacco
defence la difesa
ambush l'imboscata
retreat la ritirata
disaster il disastro
victory la vittoria
alliance l'alleanza
mutiny l'ammutinamento
strategy la strategia
tactic la tattica
independence l'independenza
aggression l'aggressione f
self-defence la difesa personale

Adjectives

neutral neutrale
speedy rapido
unavoidable inevitabile
disgraceful infame
deceived ingannato
discontented malcontento
restless irrequieto

Verbs

to **command** comandare
to **fight** combattere
to **lose** perdere
to **win** vincere
to **explode** scoppiare
to **invade** invadere
to **surrender** arrendersi
to **declare** dichiarare
to **attack** attaccare
to **take prisoners** fare prigionieri
to **defeat** sconfiggere
to **occupy** occupare
to **retreat** ritirarsi
to **start (a war)** cominciare una guerra

Idioms and useful phrases

to **lay down arms** deporre le armi
target area la zona da bombardare
battlefield il campo di battaglia
**the straw that breaks the camel's
back** la goccia che fa traboccare il
vaso
to **face the enemy** far fronte al nemico
helter-skelter in fretta e furia
cold war la guerra fredda
to **take the opportunity** cogliere
l'occasione
to **take somebody by surprise** cogliere
qualcuno di sorpresa
to **be on a war footing** essere sul piede
di guerra
the army rebelled against ...
l'esercito si ribellò contro ...
an awkward situation una situazione
infelice
a war breaks out scoppia una guerra

Essays

*Il servizio militare dovrebbe essere
obbligatorio, secondo Voi?*
Una battaglia storica
Guerra atomica

32. JUSTICE – LA GIUSTIZIA

crime il crimine/il delitto
suicide il suicidio
homicide l'omicidio
murder l'assassinio
rape la violenza carnale
burglary il furto con scasso
kidnapping il rapimento
blackmail il ricatto
ransom il bottino
theft il furto
arrest l'arresto
life sentence l'imprigionamento a
  vita
prison la prigione
punishment la punizione
corporal punishment la punizione
  corporale
hard labour i lavori forzati
death penalty la pena di morte
capital punishment la pena capitale
guilt la colpevolezza
innocence l'innocenza
liberty la libertà
detention l'arresto
prosecution il processo
jury la giuria
defence la difesa
charge l'accusa
evidence la prova
bail la cauzione
law la legge
sentence la condanna
verdict il verdetto
court il tribunale

People

accused l'accusato
defendant l'imputato
murderer l'assassino
robber il rapinatore
thief il ladro
secret police la polizia segreta

policeman il poliziotto
magistrate il magistrato
judge il giudice
victim la vittima
accomplice il complice
gangster il gangster
prisoner il prigioniero
criminal il criminale
prison officer il guardiano
witness il testimone
solicitor l'avvocato
client il cliente

Adjectives

guilty colpevole
innocent innocente
cruel crudele

Verbs

to cross-examine interrogare in
  contradditorio
to acquit assolvere
to murder assassinare
to stab accoltellare
to commute commutare
to convict condannare
to witness testimoniare
to wound ferire
to sue citare
to plead not guilty dichiararsi innocente
to plead guilty dichiararsi colpevole
to arrest arrestare

Idioms and useful phrases

juvenile delinquency la delinquenza
  giovanile
the prisoner appears before the
  court il prigioniero compare
  davanti al tribunale

wanted by the police ricercato dalla
  polizia
court of appeal la corte d'appello
the police handcuffed the thief la
  polizia mise le manette al ladro
witness box banco dei testimoni
eye witness il testimone
  oculare
the criminal code il codice penale
criminal act l'atto criminale
under arrest in arresto

to be released on bail essere rilasciato in
  libertà provvisoria
to await trial aspettare il processo
to be on probation essere in libertà
  condizionale

Essays

La pena di morte
La delinquenza tra i giovani d'oggi è
in aumento. Per quali ragioni?

AID TO ITALIAN COMPOSITION – AIUTO AL COMPORRE

feelings i sentimenti
anxiety l'ansia
fear la paura
grief il dolore
worry la preoccupazione
sadness la tristezza
remorse il rimorso
anguish l'angoscia
joy la gioia
gaiety l'allegrezza
contentment la contentezza
happiness la felicità

character il carattere
calm calmo
volatile volubile
generous generoso
determined positivo
indecisive indeciso
stubborn caparbio
serious serio
cheerful allegro
carefree spensierato
happy felice
capricious capriccioso
naughty biricchino
quiet silenzioso
scrupulous scrupoloso
idle ozioso
thoughtful contemplativo
loyal leale
emotional emotivo
strange, odd bizzarro
eccentric strambo
selfish egoistico
stable stabile
optimistic ottimista
pessimistic pessimista
obstinate ostinato
clumsy impacciato, goffo

sensitive sensibile

Phrases

it is difficult to judge è difficile
giudicare
I agree with this opinion sono
d'accordo su questo punto
I was taken aback rimasi interdetto
nothing can make me believe ...
niente può farmi credere ...
according to all evidence stando ai
fatti
on the one hand ... on the other da
una parte ... dall'altra
in my opinion ... a mio parere ...
he achieves his end raggiunge il suo
scopo
he is looking forward to it non vede
l'ora di vederlo
he has thought over what you said
ha riflettuto su ciò che ha detto
the failure was taken for granted
l'insuccesso era scontato
having read the book ... letto il libro
...
I confess that I have known many
instances confesso di aver
conosciuto molti casi
if this were not so ... se ciò non fosse
...
and lastly ... e per ultimo ...
first of all ... prima di tutto ...
no doubt, doubtless senza dubbio
in short in breve
one of the chief aims uno dei motivi
più importanti
rather piuttosto
to take into consideration prendere
in considerazione

ITALIAN IDIOMS – FRASI IDIOMATICHE ITALIANE

chi dorme non piglia pesci the early
bird catches the worm
chi la dura la vince slow and steady
wins the race
rimanere con un pugno di mosche
to be left empty-handed
una scarica di pugni a rain of blows
non lasciar nulla d'intentato to leave
no stone unturned
non mi fa nè caldo nè freddo I am
quite indifferent to it
ciò che è fatto è fatto what is done
cannot be undone
tirare in ballo to (call in) question
tenere il piede in due staffe to have
more than one iron in the fire
combinarla bella to put one's foot in
it
prendersela con qualcuno to take it
out on someone
battere il ferro quando e caldo to
strike while the iron is hot
somigliarsi come due gocce d'acqua
to be as like as two peas
avere il sonno duro to sleep like a log
perdere le staffe to lose one's temper
è facile a dirsi more easily said than
done
ora viene il bello now comes the best
of it
affaticarsi gli occhi to strain one's
eyes
a colpo d'occhio at a glance
a quattr'occhi between you and me
chiudere un occhio su qualcosa to
turn a blind eye to something
mettere gli occhi addosso a qualcosa
to set one's eyes on something
l'occhio del padrone ingrassa il
cavallo a business thrives when the
owner keeps an eye on it

lavarsi le mani di qualcosa to wash
one's hands of something
fare marcia indietro to back out (of
something)
di punto in bianco point-blank
non chiudere occhio not to sleep a
wink
occhio non vede, cuore non duole
what the eye doesn't see, the heart
doesn't grieve
occhio per occhio, dente per dente
an eye for an eye
spendere bene to get one's money's
worth
mettere qualcuno con le spalle al
muro to drive somebody into a
corner
bada ai fatti tuoi mind your own
business
campare d'aria to live on air
i suoi progetti sono andati all'aria
his plans have come to nothing
aver l'aria di ... to look as if ...
buttare all'aria to turn upside down
prendere un colpo d'aria to catch a chill
una corrente d'aria a draught
giochi all'aria aperta outdoor games
mandare all'aria to upset one's plan
prendere una boccata d'aria to get a
breath of fresh air
diventare rosso to go red in the face
il quadro è appeso alla rovescia the
picture is hanging upside down
mettersi il pullover alla rovescia to
put one's pullover on back to front
un filo d'aria a breath of air
un filo d'acqua a trickle of water
un filo d'erba a blade of grass
un filo di perle a string of pearls
un filo di speranza a ray of hope
per filo e per segno in detail

perdere il filo to lose the thread (of a conversation)
il filo del discorso the gist of what he/she was saying
mettersi l'animo in pace to set somebody's mind at rest
parlar chiaro to speak frankly
parole chiare plain words
per farla breve in short
darsela a gambe to take to one's heels

smettila stop it
là per là there and then
l'al di là the other life
un sacco di gente a lot of people
vita mondana social life
finchè c'è vita, c'è speranza while there is life there is hope
volere è potere where there is a will, there is a way

ABBREVIATIONS – SIGLE

ACI Automobile Club Italia (main Italian motoring organisation)
ANAS Azienda Nazionale Autonoma Stradale
AVIS Associazioni Volontari Italiani del Sangue (Voluntary Blood Donors' Association)
CIT Compagnia Italiana per il Turismo (Italian Tourist Board)
CRI Croce Rossa Italiana (Italian Red Cross)

ENI Ente Nazionale Idrocarburi
FIAT Fabbrica Italiana Automobili Torino (largest Italian car firm)
ONU Organizzazione Nazioni Unite (United Nations Organisation)
MEC Mercato Europeo Comune (European Common Market)
PI Pubblica Istruzione (State Education)
IVA imposta sul valore aggiunto (VAT)

USE OF PREPOSITIONS

The infinitive with a

andare to go
ritornare to return
imparare to learn
arrivare to arrive
cominciare to begin
aiutare to help
dare to give
abituarsi to get used to
decidersi to decide
passare il tempo to spend one's time
sprecare il tempo to waste one's time
e.g. aiutalo a scrivere help him write
cominciare a parlare
to begin to speak
vieni a vedere come and see
corri a nasconderti
run and hide

di = *of (possession — relation)*

(a) The Italians use di to show
possession:
il libro di Mario Mario's book
il padrone di questa macchina
the owner of this car

(b) Di is used after an adjective or
past participle preceded by a
verb:
sono contenta di vederti
I am pleased to see you
ho dimenticato di mandare
questi libri a Mario
I have forgotten to send these
books to Mario

The infinitive with di

accusare to accuse
cessare to cease
consigliare to advise

decidere to decide
prevenire to prevent
evitare to avoid
finire to finish

da

Da is used in the sense of 'from' and
'by' when preceded by a past
participle:
io vengo dall'Italia I come from Italy
è stimato da tutti he is esteemed by
everybody
Note that it also means at somebody's
house: da Mario, at Mario's.

per

in exchange for:
lo diede per £200 he sold it for £200
on account of/because of:
lo fa sempre per suo figlio she always
does it for her son
for (time):
parlò per due ore he spoke for two
hours
on behalf of:
combattiamo per la Patria we are
fighting for our country
through:
per la campagna through the
country
purpose:
per studiare bene, bisogna
concentrarsi to study well, one
needs to concentrate
destination:
parto per Londra I am leaving for
London

in

andare (*motion*) in giardino to go into
the garden

andare (*motion*) in treno to go by train
andare (*motion*) in bicicletta to go by
  bicycle
andare (*motion*) in aereo to go by
  aeroplane

Other prepositions

nel ('in the')
nella camera in the bedroom
nell'estate in summer
nel bicchiere in the glass
nell'acqua in the water
nella tasca in the pocket

prima ('before')
prima di me before me

davanti a ('before', 'in front of')
davanti alla casa in front of the
  house

dietro a ('behind')
dietro alla casa behind the house

fuori di ('outside', 'out of')
fuori d'Italia outside Italy
lo gettò fuori dalla finestra he threw
  it out of the window

vicino a ('next to', 'beside', 'near')
vicino a me next to/beside me
vicino a Roma near Rome

tra, fra ('among', 'between')
tra noi among/between us
fra me e te between me and you

verso ('towards:' direction, feeling,
  attitude)
si è portato male verso di noi
  he behaved badly towards us
sta andando verso la stazione
  he is going towards the station
verso le undici around eleven o'clock

senza ('without')
senza parlare without speaking

fino a ('till', 'until')

fino a domani until tomorrow
fino alla prossima fermata
  as far as the next stop

sopra ('over')
abito sopra il negozio I live over/
  above the shop

su ('on')
sulla tavola on the table
sul tetto on the roof

sotto ('under')
sotto il letto under the bed

lungo along
lungo il fiume along the river

Conjunctions

inoltre besides
comunque however
di conseguenza consequently
perciò therefore
o, oppure or
se if
altrimenti, se no otherwise, if not
da since
mentre whereas, while
dunque so

No prepositions before infinitives

(a) A number of verbs do not require
  a preposition before a dependent
  infinitive. Here are some of the
  most important:
amare to like
bisognare to need
bastare to suffice
convenire to suit
desiderare to desire
dovere to have to
fare to make
importare to be important
osare to dare

lasciare to let, allow
occorrere to be necessary
datare to date
piacere to please
potere to be able to
preferire to prefer
sapere to know
udire to hear
volere to want

(b) Impersonal expressions with **essere**
and an adjective do not require a

preposition before a dependent
infinitive:
è bello essere qui it is nice to be here
è facile farlo it is easy to do it

(c) After indirect expressions (**dove,
che, chi**), no preposition is
required:
ti ha detto dove parcheggiare? did
he tell you where to park?
non so a chi chiedere I don't know
whom to ask